CHARITÉ, JUSTICE, PROPRIÉTÉ

CHARITÉ, JUSTICE, PROPRIÉTÉ

PAR

Charles de PONTHIÈRE

AVOCAT A LA COUR D'APPEL DE LIÉGE

ANCIEN BATONNIER

EXTRAIT DE « L'ASSOCIATION CATHOLIQUE »

Revue des Questions sociales et ouvrières

PARIS

ANCIENNE MAISON GAUME ET Cie

X. RONDELET ET Cie, ÉDITEURS

3, Rue de l'Abbaye, 3

—

1899

CHARITÉ, JUSTICE, PROPRIÉTÉ

Les controverses économiques et sociales préoccupent aujourd'hui, et à bon droit, non seulement, les penseurs et les politiques, mais tout le monde, peut-on dire ; qui de nous ne s'intéresse aux questions du travail et du capital, de leurs rapports, de la répartition des bénéfices, de la justice et de la suffisance du salaire, des plus-values sociales, des agents de la production, en un mot de la façon dont le progrès distribue ses dons entre ceux qui travaillent à le promouvoir ?

Les socialistes voudraient résumer toute la science économique en trois mots : travail, progrès, profit ; puis ils s'empressent de déclarer qu'en dehors de la science économique, il n'y a rien qui appelle l'attention et puisse contribuer au bien de l'humanité. Ces déclarations méritent d'être contrôlées. En toute hypothèse, ne faut-il pas au préalable s'entendre sur certains termes, autres que : travail, progrès, profit, et qui sont : charité, justice, propriété ? L'on aura beau vouloir restreindre notre horizon et enfermer notre intelligence dans le cadre étroit de la science économique conçue à la façon des socialistes, l'intelligence apercevra toujours ces autres choses que l'on nomme : charité, justice, propriété, et se demandera ce que l'on en fait.

On a répondu que le règne de la charité devait cesser, la charité n'étant qu'humiliation, que la propriété disparaîtrait n'étant que vol, et que précisément la justice intégrale, en se réalisant, assurerait au travail tous les profits et prendrait avantageusement la place de tout le reste.

CHARITÉ

I

Pouvons-nous croire que le règne de la charité doive cesser? Et tout d'abord, nous sommes-nous fait une idée bien exacte de la charité? On a dit qu'elle n'était qu'un moyen, toujours insuffisant, de restituer à la collectivité ce qui lui avait été enlevé sans droit; à coup sûr, s'il en était ainsi, toute raison d'être lui ferait défaut le jour où la justice serait entière.

Que des injustices se réparent sous le couvert de la charité, et que cette voie serve parfois, faute de mieux, à rétablir l'ordre que l'erreur, la violence ou le dol ont troublé, c'est chose incontestable ; mais est-ce bien la charité?

Voici à mes côtés un homme comme moi ; je ne lui ai fait que du bien, il ne m'a fait que du mal ; je lui pardonne et continue, malgré tout, à lui faire du bien. Comment allez-vous définir mon attitude ?

Vous me direz que je choisis un cas extrême et que le trait est forcé. Qu'importe! puisque ce qu'il faut constater n'en apparaît pas avec moins de clarté. — Il suffit que cette situation fréquente ou exceptionnelle force notre approbation et que nous y reconnaissions l'usage le plus noble de notre liberté et la manifestation des qualités les plus hautes de notre conscience, pour que ce témoignage qui ne dépend aucunement de la fréquence des actes ni des circonstances qui les accompagnent, pour que ce témoignage, universel et spontané, nous avertisse que la charité ne peut si aisément, comme un facteur inutile, s'éliminer de la vie.

La charité, depuis l'abandon héroïque de tous nos droits jusqu'à la simple renonciation d'une portion, si minime soit elle, de ce qui nous est propre, *la charité a pour caractère invariable et essentiel le sacrifice, elle possède dès lors son domaine exclusif, elle occupe une place que la justice ne peut à aucun titre lui disputer.*

II

On a tenté de fausser l'histoire pour en expulser la charité, puis on a inventé une philosophie et une politique pour l'exclure des pensées de l'homme ; cette philosophie et cette politique s'appellent philosophie de l'évolution et politique de la sélection. Vains efforts ! la vérité s'impose.

Sans doute par ses instincts viciés la race humaine incline à l'égoïsme ; partant de là, elle affirme volontiers comme loi de l'humanité la lutte du fort contre le faible, et rêve d'une organisation sociale entièrement inspirée ou par l'individualisme le plus intense ou par le collectivisme le plus oppressif ; et, chose à noter, c'est la même philosophie naturaliste qui aboutit à ces deux conséquences inconciliables !

Sans doute aussi, les nations abandonnées à l'orgueil absolu de leur propre direction arrivent fatalement à élever, tant bien que mal, un monument d'égoïsme, dont les organismes n'ont pour loi que la sélection avec toutes ses conséquences brutales : au dehors rien que des peuples ennemis à subjuguer, au dedans rien que l'exploitation des faibles sanctionnée par les lois positives et maintenue au moyen des plus habiles précautions !

Le peuple romain, par exemple, a poussé ce régime à son extrême limite. Il avait développé la justice jusqu'à ses dernières ramifications, il professait pour elle un culte vraiment grandiose ; mais, en même temps, ayant le mépris de tout ce qui était infime, femme, enfant, pauvre, malade, vieillard, travailleur, esclave, son régime tournait au profit exclusif des grands et des forts.

Les infimes, par leur nombre, formaient de fait toute la nation, et cependant celle-ci ne comptait légalement que les guerriers remplacés ensuite par la classe dominante.

On a tenté de fausser l'histoire, ai-je dit. On n'a pu toutefois la changer au point de voiler les horreurs des civilisations païennes où sévissait sans mesure et sans tempérament la lutte pour l'existence.

Ce qui manquait à ces civilisations c'était précisément la charité et l'humilité qui l'accompagne. Du jour où une nation déchoit de sa vocation providentielle et abandonne les principes supérieurs auxquels est soumise la morale publique aussi bien que la morale privée, du jour où son orgueil lui fait rejeter le frein de la vérité, de ce jour plus de charité, de ce jour commence le règne de la dureté, de l'oppression et de l'individualisme, de ce jour apparaît la décadence.

III

Sur les débris païens notre civilisation chrétienne s'est établie en mettant la charité à l'avant plan de ses préceptes. Il semblerait inutile de parler encore de la femme, de l'enfant, de l'esclave; ce qu'ils doivent au christianisme est clairement acquis ; cependant, même en ceci, on a voulu faire mentir l'histoire et rattacher les conquêtes de l'esprit nouveau à des causes purement matérielles ; mais nous n'entendons pas y revenir, un peu de bonne foi suffit à qui veut se rendre compte du progrès accompli sous l'influence du christianisme.

Qu'importent au surplus ces discussions, si dans son ensemble l'humanité se présente nettement avec cette seule alternative : ou l'état de guerre en vertu du principe de la satisfaction individuelle, ou l'état de paix en vertu du principe de la charité ? or c'est bien là la vérité.

Aussi longtemps que l'intérêt seul est le guide des actes, le monde avec tout ce qu'il contient, hommes et choses, n'est pour chacun qu'un instrument, qu'un moyen, le moi étant but et centre à l'exclusion du reste. Le privilège appelle le privilège, pendant que d'autre part l'infériorité s'accentue progressivement et que les causes de faiblesse se superposent. Institutions politiques, état social, rouages administratifs, n'ont alors d'autre but que de maintenir au profit des exploiteurs et au détriment des exploités l'ordre de choses établi ; il s'agit, avant tout, de soustraire à ceux qui ont intérêt à la révolte tous les moyens d'échapper au joug.

En face de cette civilisation, vienne à surgir l'idée de sacrifice et d'abandon et voici que s'opère une transformation radicale ; de fond en comble tout va se renouveler ; le devoir de l'amour succédant à la nécessité de la lutte, c'est vraiment le renversement des choses.

De là ces efflorescences vivaces de la charité, qui marquent si brillamment certaines phases de l'histoire. Il suffit de rappeler la chevalerie, les couvents d'étude et de contemplation, les ordres religieux pour les œuvres de miséricorde, les écoles, les missions, les croisades, les institutions les plus diverses dont l'antiquité n'avait pas le soupçon.

La charité a été l'inspiratrice de tous ces efforts, lesquels, reconnaissons-le, n'ont aucun rapport avec la justice ! Le règne de la justice aurait eu beau s'étendre, il aurait uniquement abouti à affermir davantage le droit de chacun et à établir plus nettement sa situation à l'égard des autres ; le prochain, dans ce régime, est tout homme qu'il faut respecter et dont le droit doit être reconnu afin qu'il reconnaisse également le vôtre ; c'est « autrui » que l'on tolère, et que très légalement, parfois, l'on exploite, pourvu que ce soit sous le couvert d'une apparente et factice réciprocité.

La justice est équivalence, la charité est sacrifice et abandon. Pas de confusion possible pour qui veut réfléchir.

IV

La charité édifie, la justice ne fait que sauvegarder ; la charité est féconde, la justice se borne à protéger ce que l'amour du prochain a instauré. A la justice nous devons le maintien de l'ordre qui nous associe, qui nous unit dans le monde social ; à la charité nous devons tout le reste, et le reste c'est tout ; car c'est le fonctionnement interne de tous les mouvements. Les rouages ont besoin d'organisation sans doute ; mais que ferait l'organisation — justice — sans le fonctionnement — charité ?

La charité est l'appui dans nos défaillances ; c'est le conseil dans nos troubles, c'est la lumière pour nos intelligences ignorantes, c'est le secours dans tous les besoins auxquels nous ne pouvons pourvoir par nous-mêmes, c'est une attention toujours soutenue et un échange perpétuel de services qui fait à ce point partie de nous-mêmes qu'à peine nous le percevons ; il est à notre vie morale ce que la respiration est à notre vie physique.

Tous nous relevons de la charité, c'est une humiliation, a-t-on dit, eh bien ! oui ; c'est l'humiliation que nous devons tous subir sous peine de sombrer dans l'orgueil et du même coup dans l'insanité.

Si telle est la charité, penserez-vous encore, avec les socialistes, qui ont dit que sa suppression n'était qu'une question de temps, qu'il soit possible de la rayer de nos consciences chrétiennes comme de notre civilisation? N'allez-vous pas souhaiter plutôt qu'elle s'étende et devienne tous les jours plus puissante et plus féconde.

V

Avez-vous d'ailleurs assez réfléchi à ce que fut la charité pour toute la classe dominée c'est-à-dire de loin la plus nombreuse, pour cette classe qu'il a toujours été facile d'exploiter et que pendant toutes les périodes d'obscurcissement du christianisme on exploite en effet?

Notre ennemi, c'est notre maître, a-t-on dit. Cela est vrai dans les phases de recul ; cela est faux aux époques de progrès ; car alors, et précisément parce que le christianisme qui d'abord n'avait trouvé accès qu'auprès des faibles, était parvenu enfin à insuffler son zèle à la classe dominante, celle-ci nous a relevé de l'ignorance en nous distribuant l'instruction ; alors la classe dominante nous a apporté la religion et avec elle la civilisation, les mœurs, les lois, tout le progrès ; est-ce là le traitement d'un ennemi?

Ennemie elle eut pu l'être la classe dominante et inévitablement elle l'eut été, en s'inspirant de son égoïsme. Elle eut pu l'être tout en observant quand même la stricte justice. S'étudiant à maintenir la démarcation entre elle et le reste de la nation, elle eut eu soin, tout en attribuant à chacun ce qui lui était propre, de ne rien laisser passer qui fut pour les faibles une espérance et un stimulant.

Est-ce là ce qu'elle a fait? Mais ne fut-ce que le savoir, qu'elle répandait au sein des masses à mesure qu'elle-même le recevait, le savoir que les meilleurs n'ont jamais hésité à porter en tous lieux et qu'au prix des plus héroïques efforts ils ne cessent de propager aujourd'hui, ce savoir fatalement se retournerait contre leur égoïsme, ils le prévoyaient, ils ne l'ont pas marchandé cependant, ils ne l'ont pas retenu captif: c'est d'eux que nous le tenons.

Que d'aberrations donc, dans ces seuls mots ; le règne de la charité doit cesser, n'était qu'humiliation !

Efface-t-on la chose parce qu'on en proscrit le nom ? La charité se produit chaque fois qu'une inégalité s'amortit au contact de l'amour, chaque fois qu'une plaie reçoit un baume de la main d'un compatissant. Encore une fois, veut-on la supprimer ? Eh bien alors comment y arriver et pourquoi ?

VI

Au fond de ces velléités de suppression, savez-vous ce qu'il y a ? Il y a l'orgueil qui entend nier l'inégalité. Seulement encore une fois suffit-il de nier pour faire disparaître ? Qu'en puis-je d'être vigoureux pendant que mon proche est débile, qu'en peut-il de son côté d'être intelligent tandis que mon entendement reste fermé ?

Avec ma vigueur je l'aiderai et lui me fournira le secours de son intelligence. Sans doute si cet échange ne se fait que sous le coup de la nécessité et que tout soit compté, mesuré, pesé, chacun restant bien décidé à en sortir également avantagé, ce ne sera qu'un acte de justice.

Mais si cela se fait sans calcul, si le cœur et la volonté y ont plus de part que le raisonnement et que l'égoïsme, ou plutôt, si cela se résume à vouloir du bien au prochain ; alors il y aura acte de charité.

Le mot est gênant ! et pourquoi ? puisque tous nous en sommes à devoir y recourir, puisque d'ailleurs l'acte en lui-même force l'admiration.

Il y a humiliation ? et pourquoi ne pas l'accepter puisque c'est la loi de notre existence et que notre condition naturelle est de tout recevoir et de ne pouvoir devenir auteur de quelque chose qu'après avoir accepté de toutes parts tout ce que nous allons mettre en œuvre ?

C'est l'affirmation de l'inégalité ! et pourquoi ne pas une bonne fois la regarder en face, cette inégalité dont on a fait un monstre si affreux ? Si cette loi paraît humiliante à notre espèce, que notre espèce s'humilie sans élever contre la loi une impuissante dénégation. Après l'avoir acceptée, elle trouvera la loi moins pesante, et elle pourra s'employer utilement à l'alléger.

Ce qui en résultera lui paraîtra sans doute encore pénible dans bien des cas, mais néanmoins, en règle générale, réconfortant pour les sincères.

VII

Que l'on s'efforce de chasser l'inégalité des domaines où elle n'a que faire, rien de mieux et c'est l'un des plus beaux résultats du progrès ; mais dépend-t-il de nous de décréter l'abolition de l'inégalité ?

L'inégalité est partout, en nous comme autour de nous ; elle est de tous les temps ; mieux que cela elle domine le temps et survit à la vie, elle tient à ce point à notre existence, qu'elle doit nous suivre au-delà du tombeau.

J'ai beau faire, je ne serai plus demain ce que je suis aujourd'hui ; dans un instant peut-être, les forces physiques qui me soutiennent actuellement auront baissé ; l'énergie morale qui me pousse aura cédé ; ce que mon intelligence perçoit je ne le verrai plus ; l'ardeur qui me travaille se sera refroidie.

Ce que je suis aujourd'hui, l'ais-je toujours été ? Certes non, et sans parler des premières années de l'existence combien de temps n'ai-je pas dû accepter du dehors ma formation et modifier de jour en jour mes idées sous l'influence d'autrui ? Aujourd'hui même, ce phénomène pour être moins intense n'en est pas moins réel.

Or ce n'est là qu'un aspect de l'inégalité, et le moins saillant ; les autres se dessinent avec bien plus de relief. En un mot, la diversité qui se manifeste entre les différents moments de la même existence se trouve autrement sensible entre les divers individus.

Forces physiques, forces morales, talents de tous genres, persévérance ou lâcheté, milieu, hérédité, mille autres circonstances parfois vaines en apparence, voilà ce qui nous différencie profondément, et sur quoi l'homme impuissant ne peut porter la main ; il l'a souvent tenté, ce fut toujours en vain ; mieux que cela, ces tentatives finirent d'ordinaire par renforcer ce qu'elles avaient rêvé d'amoindrir.

C'est qu'en réalité nous nous trouvons engagé dans le monde comme les pièces rapportées les unes aux autres dans un assemblage, et non à l'état d'isolement ou de simple juxtaposition comme des molécules ; différents les uns des autres nous nous complétons mutuellement.

L'homme apparaît pour peu de temps dans un monde déjà formé ; il y vient avec ses aptitudes propres. Qu'il le veuille ou non, il reçoit de son milieu une double influence, celle qui va développer son caractère et celle qui l'obligera à harmoniser ses actes avec l'économie générale. Le système où il va figurer et dans l'engrenage duquel il sera pris l'obligera à la fois à garder son individualité et à concourir à l'œuvre commune.

Variété et unité, tel est le double signe de la création ; loi du monde des corps comme du monde des âmes, loi fatale pour le premier, morale pour le second ; c'est le sceau imprimé à toutes les existences contingentes par l'Être absolu.

Parce qu'elle est morale pour nous, la loi se modifie suivant nos dispositions ; elle se corrige et s'adoucit à mesure que les âmes s'améliorent, elle se renforce et s'aggrave à mesure qu'elles deviennent plus mauvaises. L'unité doit nécessairement s'affirmer au dehors avec d'autant plus de rigueur qu'elle est moins réalisée par nos dispositions intérieures. Ce qu'eut harmonisé et fécondé la variété en venant du dedans de chacun, ce qui l'eut harmonisée sans la violenter, maintenant que cela vient du dehors la paralyse et la tyrannise.

Vaste est le champ ouvert à l'humanité pour combattre l'inégalité ; mais en avoir raison jusqu'à l'extirper, il n'y faut pas compter, cela supposerait non seulement que le mal eut disparu et que son retour fut devenu impossible, mais aussi que la raison d'être de toutes les créatures fut transformée ; car si le mal et les traces qu'il laisse après lui constituent l'une des causes de l'inégalité, l'ordre social lui-même, tel que Dieu le veut, appelle à son tour une certaine inégalité, impliquée qu'elle est, dans le double caractère d'unité et de variété sans lequel nos facultés deviendraient sans emploi et notre vie sans signification.

VIII

Que nous reste-t-il donc à entreprendre en présence de faits aussi certains ? Il nous reste à affirmer et à accepter l'inégalité comme inhérente à notre condition humaine, tout en neutralisant ses conséquences pénibles dans la mesure de nos forces.

Sur bien des points elle peut céder devant l'œuvre persévérante des hommes, devant le travail continu qui réforme les mœurs, les lois, les institutions.

Que de terrain déjà gagné ! L'égalité civile est réalisée, l'égalité politique s'établit à mesure que l'instruction se répand, l'égalité sociale viendra à son tour à la faveur des lois économiques dégagées des privilèges qui en faussent le jeu ; déjà la rémunération du travail suit une marche progressive et en même temps celle du capital engagé subit une continuelle dépression.

Une modification profonde tend à s'établir dans les relations humaines ; la justice prévaudra davantage dans les contrats ; on s'assurera qu'ils ne se forment qu'avec l'assentiment également libre des contractants.

L'avance que le capital donne aux uns sera compensée par la protection accordée aux autres, et surtout par une organisation que l'Etat reconnaîtra et favorisera.

Est-ce à dire que l'on aura vaincu l'inégalité ? Certes non, l'on demeurera étonné du peu que l'on aura gagné auprès de tout ce qui reste à faire.

Il y aura toujours entre nous de très grandes différences provenant de notre valeur individuelle, de la valeur de ceux qui nous entourent et de celle de la génération dont nous sortons. Neutraliser la valeur individuelle est chose irréalisable et d'ailleurs nullement à souhaiter. Mais à côté de cette chose, il en est une autre également indestructible, qui tantôt amortit et tantôt renforce les maux de l'inégalité, c'est la solidarité des groupes. Ces groupes sont ou volontaires ou naturels ; nous en parlerons en traitant de la justice dont naturellement ils relèvent.

IX

Que faire alors sinon subir l'inégalité comme normale au lieu de la haïr comme le grand obstacle au bonheur, et lui appliquer les efforts continus de l'humanité afin de faire sortir d'heureux fruits de cette souche indéracinable que l'on avait en vain rêvé d'extirper.

En cela consiste l'une des grandes améliorations de nos âmes ; arriver à accepter l'inégalité ; grâce à cette acceptation, la rendre légère d'insupportable qu'elle paraissait : mieux que cela, faire de son concours, qui mal compris et mal appliqué enrayait le progrès, un facteur bienfaisant et fécond.

Les plus tristes désordres naissent de la haine aveugle de l'inégalité, les plus grandes vertus s'engendrent de son acceptation rationnelle.

L'envie et les divisions farouches, les âpres rancunes et le désespoir, tous ces mauvais instincts que la loi cherche à atteindre, mais dont elle est impuissante à conjurer de bien pénibles conséquences, creusent continuellement des abîmes autour des sociétés humaines ; or ces instincts procèdent en somme du désir effréné d'égalité qui travaille les hommes.

Devant les passions qui sévissent, la loi sévit à son tour, duel dont l'issue demeurera toujours incertaine ; car de part et d'autre on reste armé et l'on garde ses positions. La loi ne peut être mitigée en présence des passions persistantes, mais les passions ne cèdent pas davantage ; elles ont beau avoir conscience des maux qu'elles enfantent, loin de se soumettre elles s'affermissent à mesure que la loi qui veut les frapper, paralyse trop souvent du même coup l'effort généreux qui les eut domptées.

C'est un cercle vicieux ; le mal que font directement les passions s'accroît de toutes les dépressions inhérentes à une législation trop autoritaire ; il n'y a de remède que dans une lente transformation des âmes ; de leur haine pour l'inégalité, il faut les faire passer à son acceptation.

Il en coûte à leur orgueil ; elles y voient un sacrifice au dépens de leur dignité ! Erreur funeste ! Au fond, il n'y a là que l'affirmation de la vérité, méconnue par l'orgueil ; il n'y a que la constatation de la réalité vivante dans laquelle nous nous mouvons.

X

Après tout ce que nous venons de rappeler, notre conclusion sur le premier point ne présente plus de difficultés.

Les objections faites à la charité, à savoir : l'humiliation qu'elle comporte par elle-même, nos aspirations vers une égalité absolue, l'opposition qu'il y aurait entre la charité et l'égalité relative à laquelle nous tendons progressivement, ces objections n'ont aucune base sérieuse.

En somme, nous ne supportons impatiemment d'être secourus que parce que nous méconnaissons la loi d'unité et de variété essentielle à l'humanité. Cette loi nous domine souverainement, tout en blessant parfois notre orgueil. Seule, elle peut nous procurer le bien auquel nous avons légitimement à prétendre ici-bas.

Faites disparaître cette loi, et tout ce qui rend la vie supportera disparaît également ; les rapports entre les hommes n'ont plus ni raison d'être, ni stimulant ; les témoignages d'affection ne se comprennent plus ; le support mutuel avec toutes ses délicatesses, avec tous ses charmes, ne peut plus naître ; l'assistance réciproque est un non-sens ; la vie intellectuelle, morale, artistique, s'éteint fatalement, il ne lui reste aucun aliment.

C'est que la charité, qui, d'un mot, comprend tous ces joyaux de notre existence, n'a en effet plus de place au milieu d'êtres parfaitement égaux, et que sans la charité, il ne demeure de l'existence que le souci de pourvoir heure par heure aux nécessités animales.

Là encore, à quoi bon s'inquiéter si, grâce à l'égalité brutale (et c'est ce que rêvent ceux qui repoussent la charité) on peut à tout instant se croire appelé à un partage où n'entrent plus en balance les divers mérites de chacun ?

On le voit donc, il est facile de dire que le règne de la charité doit cesser, la charité n'étant qu'humiliation ; comment y arriverait-on et pourquoi ? La charité tient à la racine même de notre vie ; et si l'une pouvait aller sans l'autre, pourquoi le désirer ? La charité contient en effet des trésors que nous ne pouvons trouver ailleurs et sans lesquels ce ne serait vraiment plus la peine de vivre.

JUSTICE

Le mot justice a le privilège d'attirer l'intérêt, mais n'arrête guère l'attention, on prête l'oreille avec la présomptueuse conviction de n'avoir à ce sujet rien à apprendre. Cependant que d'erreurs l'on rencontre ici.

La justice, tout le monde la réclame. N'est-elle pas la première loi des êtres libres, ne régit-elle pas leurs mutuels rapports ! N'est-elle pas la condition indispensable du maintien des relations sociales ! C'est en son nom que les socialistes prétendent transformer la société ; c'est la justice qui leur inspire, disent-ils, le précepte : tout progrès vient du travail, au travail revient donc tout le profit qui résulte du progrès.

Qu'ils aient raison d'invoquer la justice, personne n'oserait y contredire : elle est due aux faibles, elle leur est due plus encore qu'aux autres. Quoique forts et faibles s'en arment à l'envi, les premiers pour garder sans trouble ce qu'ils ont acquis, les autres pour obtenir ce qui revient à leurs efforts, elle importe cependant spécialement à ceux-ci. Au surplus quel que soit l'intérêt des uns et des autres, tous ont également de bonnes raisons pour bien s'entendre sur sa notion.

I

La charité a pour unique objet le bien-être des hommes ; la justice n'a pas directement cette destination ; elle s'inquiète de maintenir chacun en son droit, j'allais dire en sa place ; elle se borne à enregistrer puis à sanctionner les diversités naturelles qui nous différencient les uns des autres. — On peut dire que la justice ne vise que l'état statique de la société, tandis que la charité établit son état dynamique.

Ayant le droit de nous garder à l'abri de tout empiètement et de toute confusion, de nous garder nous-mêmes tels que nous sommes, nous avons comme conséquence le droit de nous garder avec tout ce qui est à nous ou pour mieux dire avec tout ce qui vient de nous, et par conséquent aussi, nous avons le devoir de respecter ce droit chez les autres.

Sans doute certaines modifications nous arrivent du dehors. Ce sont comme les empreintes et les sollicitations de Dieu et du monde. Ce sont des appels à sortir de notre état purement statique.

Mais ces appels ne vont jamais jusqu'à mettre en péril ce droit individuel. La personnalité humaine incarne ce droit; elle ne peut l'abandonner, elle ne peut répondre à ces appels par le complet anéantissement d'elle-même, mais elle peut et, dans une mesure variable, elle doit céder les avantages que procure ce droit. Dès lors en face du droit et du devoir individuels, mais sans y contredire se dresseront un nouveau droit et un nouveau devoir.

C'est qu'en effet l'unité et la variété, comme dans toute la création, mais avec une intensité particulière régissent la vie humaine. Nous sommes tous unis par la communauté de nos destinées et cependant séparés par la diversité des moyens à mettre en œuvre. L'unité et la variété : il s'agit de les concilier et elles se concilient en effet dans la justice naturelle, à la fois respectueuse de l'ordre général et de la liberté personnelle.

Le domaine de la justice, vous l'entendez donc bien, est le domaine du droit et du devoir, ce qui veut dire le domaine de ce qui nous met à l'abri les uns des autres tout en nous frayant la voie vers notre commune fin. La justice est le réseau jeté entre notre individualisme naturellement ombrageux et la marche d'ensemble de l'humanité, réseau dont les mailles tantôt rigides maintiennent intact le droit individuel tantôt, plus lâches, affirment en face de celui-ci le droit collectif et ménagent ainsi à la collectivité le concours des efforts de chacun.

« La conciliation entre l'unité et la variété, entre l'ordre et la liberté se trouve réalisée dans la justice naturelle. » Cette vérité s'impose d'elle-même, la justice naturelle étant par définition la synthèse des conditions au milieu desquelles notre vie individuelle apparaît et à la faveur desquelles elle poursuit sa propre destinée et celle de la collectivité.

Justice et charité vous le voyez donc, ont leur domaine bien distinct. Cependant leur origine et leur aboutissement les rapprochent, car à notre vie individuelle dès son apparition la charité comme la justice impose sa loi, toutes deux procèdent de principes supérieurs. Que l'une d'elles enfin fasse défaut, notre destinée et celle de la collectivité ne peuvent se réaliser; Justice et charité n'en sont pas moins nettement définies et limitées à part l'une de l'autre, au cours normal de leur action sur l'existence humaine.

II

La justice nous apparaît sous deux formes bien distinctes ; la justice naturelle qui règle l'ordre de l'univers et domine toutes les combinaisons juridiques de l'homme, la justice positive qui se borne à formuler les principes de la justice naturelle de manière à les adapter aux conditions changeantes au milieu desquelles la vie humaine s'accomplit.

La justice naturelle, avons-nous dit, domine toutes les combinaisons juridiques de l'homme; l'homme en effet, fut-il chef d'état, et le chef revêtu de la puissance la plus absolue et en même temps la plus légitime, n'est pas créateur de la justice, il n'en est que l'organisateur.

Peu importe donc la sanction des lois positives, et les précautions prises pour rendre cette sanction efficace, les lois n'obligent et n'établissent de droits que si elles sont entièrement d'accord avec la justice naturelle.

C'est elle qui nous place sur cette terre dans de certaines conditions inséparablement liées à notre nature ; violer ces conditions sera toujours un mal, quoiqu'on fasse pour le pallier ou le dissimuler ; il faudrait refaire notre nature avant de songer à toucher aux conditions dans lesquelles elle est placée ; à personne n'appartient ce pouvoir, sinon à Celui de qui nous tenons et cette nature et la justice suivant laquelle elle a été conçue.

Les formes primitives de droits et de devoirs relevant de la justice naturelle se ramènent nécessairement aux points suivants : respect de la vie humaine, inviolabilité du mariage, proscription du mensonge et du vol, affirmation de l'existence de Dieu et de l'ordre providentiel. Ce sont là les assises de la vie morale de l'humanité, en dehors desquelles rien ne s'édifie ni ne se soutient.

III

De l'idée d'ordre naît immédiatement dans la conscience de chacun de nous l'idée de récompense et d'expiation. De ce qu'il y a un ordre établi au-dessus de l'homme, il suit nécessairement que celui-ci ne peut impunément le violer, et qu'en s'y conformant il acquiert des mérites.

Mais ici apparaît une dangereuse aberration beaucoup trop communément acceptée et dont les conséquences sont déplorables pour l'individu comme pour la société. Le devoir qui nous incombe de nous conformer à l'ordre de l'univers, appelle comme corrélatif, dans notre esprit, un droit. De fait, devoir et droit ne correspondent pas toujours exactement.

De là, la distinction capitale suivant que l'expiation consiste dans la restitution parfaitement adéquate ou qu'elle se borne à être la réparation proportionnée non pas tant au mal commis, qui, lui, demeure indéterminé, qu'à la méchanceté employée pour le commettre ; dans le premier cas les droits et devoirs sont parfaits au point de vue juridique, dans le second ils restent imparfaits.

L'oubli de cette distinction entraîne les plus déplorables erreurs, parce qu'elle amène à conclure, sans exception, de l'existence d'un devoir à l'existence d'un droit corrélatif ou inversement d'un droit à un devoir, alors que cette corrélation peut n'avoir aucune réalité.

Sous l'impression de cette idée qu'il n'y a de devoir important qu'en présence du droit correspondant, certains devoirs de justice qui, à l'égal des devoirs de charité ne se trouvent pas en face du droit d'autrui, nous semblent parfois pouvoir être facilement omis. Nous nous faisons volontiers à cette pensée qu'il faut pour être obligé avoir un créancier porteur d'un titre, nous oublions trop aisément que ce titre, s'il n'est pas aux mains d'autrui, est remis à la société ou bien est retenu par Dieu.

Le devoir, dans ce cas, est-il moins impérieux, moins obligatoire, soumis à de moindres sanctions morales, qu'un devoir de stricte justice ? En aucune façon ; mais l'illusion est facile et l'homme enclin à se dispenser de la loi, se laisse volontiers séduire par cette erreur.

La seule différence, il faut soigneusement la noter, la seule différence entre droits et devoirs juridiquement parfaits et imparfaits, c'est que pour ces derniers, faute de détermination de l'objet, la conciliation entre droit et devoir ne s'établit pas de façon saisissable. — La restitution devient impossible en fait ; mais la réparation, au sens général du mot, est tout aussi obligatoire. — Il n'y a aucun rapport à établir entre le dégré de rigueur du devoir qui nous lie et l'obligation que nous aurions ou n'aurions pas, en cas de violation du devoir, d'opérer la restitution.

L'erreur qui se commet trop couramment à ce sujet, nous obligeait d'insister quelque peu. Nous y reviendrons du reste forcément plusieurs fois dans le cours de notre chapitre.

En résumant ce qui précède, nous arrivons donc, après avoir constaté que la justice, liée dans nos consciences à l'ordre naturel, nous apparaît avec les concepts de récompense et de châtiment, de droits et de devoirs, nous arrivons donc à affirmer que le juste et l'injuste ne se mesurent pas aux règles de la loi positive, mais aux principes immuables du droit naturel.

IV

La nature humaine se trouve en effet en présence d'un ensemble d'éléments qu'elle n'a pas créés et qu'elle ne peut modifier et parmi ces éléments, notons ceux qui intéressent notre présente étude et auxquels s'appliquent les formes primitives de droits et de devoirs que nous venons de rappeler ; ce sont : la terre livrée à l'homme qui s'empresse de l'occuper parce que de cette occupation dépendent sa conservation et son développement ; la famille constituée parce que sans elle la dignité de la femme, la protection et l'éducation de l'enfant sont abandonnées au hasard ; la société imposée, parce qu'en dehors de cette organisation il n'ya ni sécurité, ni progrès ; des rapports s'établissant entre nations pour que la paix soit assurée, et que la prospérité s'en accroisse.

Changer quoique ce soit aux formes primitives de droits et de devoirs, est donc en dehors du pouvoir de l'homme. Lorsqu'une société a par malheur tenté de les écarter, ses efforts pour y revenir demeurent presqu'inévitablement stériles, le remède apportant, à côté du germe qu'il s'agit de rappeler à la vie, l'engourdissement des éléments qui doivent le faire éclore et s'épanouir.

Tous les préceptes du Droit naturel ne constituent pas des droits et des devoirs parfaits dans le sens juridique ; mais la sanction, pour n'être pas la restitution adéquate, n'en est pas moins rigoureuse. Nous l'avons dit plus haut à propos de la justice en général ; il importe que nous y revenions au sujet du Droit naturel.

L'obligation de restituer dépend uniquement du point de savoir si le droit que l'on viole et le devoir que l'on omet se trouvent compris dans une conception unique et déterminée, qui les rende exactement corrélatifs l'un à l'autre.

Ainsi, par exemple, je dois le prix d'une chose achetée ; aussi longtemps que je n'ai pas payé, mon devoir de remettre la somme d'argent convenue et le droit du vendeur de la recevoir demeurent exactement corrélatifs. En me soustrayant à mon obligation, je ne la convertis pas en une autre ; ce sera indéfiniment l'obligation d'acquitter le prix qui pèsera sur moi. La restitution, prise dans son sens juridique, reste due, c'est-à-dire que mon devoir est de placer le vendeur dans l'état exact où il se fût trouvé si j'avais accompli mon obligation comme elle devait l'être. Même solution dans le cas où par une faute volontaire je cause à autrui un dommage direct. Ces exemples sont simples et échappent à toute discussion.

Mais voici qu'à la faveur d'un acte qui m'est personnel, ou bien d'une erreur à laquelle je n'ai pas contribué mais dont j'ai connaissance, voici que j'échappe à des services d'intérêt social et que la charge en retombe sur d'autres de tout le poids dont je me vois délivré ; y aura-t-il encore lieu à restitution ? Cela dépendra de savoir si l'on arrive à une détermination telle que l'on puisse dire que ce qui revient à l'un est précisément ce que l'autre retient.

Un dernier exemple : le tort dont je suis l'auteur volontaire ne me procure aucun profit ; j'ai endommagé un bien, j'ai négligé mes devoirs d'état ou de famille ; même distinction que tout à l'heure. En effet, de même que, dans certains cas, personne ne peut prétendre recevoir de moi la restitution du profit que je retiens, et cela faute d'un droit corrélatif, de même il est parfois impossible à qui que ce soit de me réclamer l'indemnité de tel tort dont je suis l'auteur et cela toujours faute de corrélation.

Est-ce à dire que le devoir disparaît avec l'obligation de restituer ? C'est là l'erreur que l'abaissement de nos mœurs tend beaucoup trop à accréditer.

Nous l'avons déjà dit, il importe néanmoins que la distinction entre droits et devoirs parfaits et imparfaits, au sens que nous venons de définir, soit bien comprise, et c'est ce que nous nous sommes efforcés de faire ici : encore une fois les imparfaits ne sont tels qu'à raison de l'indétermination de leur objet ils ne sont, à raison de cela, ni inférieurs ni supérieurs aux droits et devoirs où se trouve la détermination.

Cette détermination se rencontre tout naturellement, comme nous le verrons, dans la justice commutative qui par définition se constitue d'un bout à l'autre d'objets concrets et définis ; mais elle se rencontre fréquemment aussi dans les autres domaines de la justice.

Pour ce qui concerne la justice naturelle, que son objet soit ou non suffisamment défini, la violation de ses préceptes en est toujours également redoutable ; elle amène les sociétés à cette situation dont nous venons de parler où le remède est pour effrayer presqu'à l'égal du mal.

L'exactitude de ces considérations se vérifie par le témoignage de notre conscience et par l'expérience de tous les lieux et de tous les temps.

V

A mesure qu'entre les hommes unis par l'affection la crainte ou l'intérêt, les relations jusque là mal définies se précisent, la justice revêt des formes, plus positives quant à nous, mais toujours dominées par la loi inflexible de la justice naturelle.

On distingue alors la justice commutative qui règle les droits et les devoirs des individus entre eux, la justice distributive qui les règle en vue des individus à l'égard de l'Etat, la justice légale qui les règle en vue de l'Etat à l'égard des individus.

En somme la vie sociale en se développant fournit presque à chaque pas l'occasion de définir une règle abstraite et de la revêtir d'une prescription légale concrète ; la justice formulée se glisse ainsi de plus en plus entre les préceptes de la justice naturelle, ou plutôt se superpose aux conclusions pratiques de celle-ci.

L'antinomie ne peut jamais légitimement se produire, la jus-justice positive se bornant à adapter aux développements de la vie sociale les principes de la justice naturelle et la vie sociale de son côté ne puisant la sève de tout son accroissement que dans ces mêmes principes.

De ce que le rôle de la justice positive consiste à concrétiser, il ne faut pas conclure qu'elle a invariablement pour mission de rendre parfaits les droits et devoirs que par elle seule la justice naturelle laisserait imparfaits ; tels droits et devoirs sont parfaits, encore qu'ils n'aient reçu de la loi humaine aucune défi-nition, tels autres restent imparfaits malgré tout ce que cette loi y ajoute de formel. Au surplus ce n'est pas encore une fois à leur distinction en parfaits et imparfaits qu'il faut s'attacher pour mesurer leur valeur morale.

Ce qui est vrai, c'est que la justice positive intervient souvent pour rendre parfaits des droits et devoirs qui ne l'étaient pas et qu'il se fait là un travail de superposition, dont la marche progressive ne va pas d'ailleurs simplement au gré de nos désirs, mais se mesure à la marche générale de la société.

VI

De tout ce que nous avons dit jusqu'ici il résulte assez clairement, me paraît-il, que c'est pure ignorance de se figurer si facilement n'avoir rien à apprendre au sujet de la justice.

Toutes les revendications qui se produisent en son nom appellent la plus scrupuleuse attention et réclament l'étude la plus sérieuse, telle notamment la revendication formulée en disant : Tout progrès vient du travail, au travail revient donc tout le profit qui résulte du progrès.

Quatre systèmes différents se sont donné mission de suivre la justice dans ses applications à la vie économique, c'est-à-dire à la vie dont s'occupe la présente étude et à laquelle se rattachent presque toutes les revendications ouvrières.

Le premier système, dit libéral, accentue sans mesure la diversité humaine et l'initiative individuelle. Grâce à sa méthode il accuse en un vivant relief le mouvement social et stimule puissamment les énergies. Il est épris de liberté et c'est ce qui lui a valu son nom ; mais sous couleur de sauver la liberté, il néglige la justice naturelle, et ne s'attachant qu'aux formes progressives et contingentes de la justice commutative, il arrive à n'organiser la liberté effective qu'en faveur des individus les mieux doués et à laisser s'accumuler d'un seul côté toutes les forces vives de l'humanité, pendant que la grande majorité participe à peine au progrès. Pour lui, la justice n'a qu'un rôle négatif et c'est là son aberration.

Le deuxième système, que l'on peut appeler interventioniste (1), frappé de l'insuffisance du système précédent et non moins dédaigneux cependant de la justice naturelle, attribue à l'État une souveraineté législative sans limite ; il n'y a plus rien au-dessus de la loi positive, et c'est elle qui à son gré, fait le juste et l'injuste. Système déplorable, mortellement déprimant, il attente directement à la dignité humaine, réduit la justice à n'être qu'un moyen de gouvernement et en vient à tout paralyser parce qu'il consomme la ruine des caractères.

Le troisième système est évolutionniste-positiviste ; ce n'est en somme qu'un essai de synthèse philosophique des deux autres ; pour lui, tout est soumis à l'empire des nécessités économiques dont les phases successives se déroulent suivant une loi fatale ; ce qui reste de justice, dans ce système, se réduit à une formule, hardiment et dogmatiquement affirmée par ces positivistes en dépit de la contradiction qu'ils infligent ainsi à la base même de leur système ; cette formule exprime l'idéal lointain vers lequel les phases successives font, d'après eux nécessairement et continuellement tendre l'humanité.

Dans le quatrième système le seul auquel on puisse logiquement demander d'améliorer le sort des faibles par le progrès de la justice, on retrouve et l'élément intentionnel ou causalité finale et la justice naturelle, ces deux facteurs prépondérants que les autres systèmes ont le tort inexplicable de négliger.

Ce système repousse l'évolution positiviste et la remplace par

<hr>

(1) Le mot peut cependant être pris en bonne part.

l'ascension progressive et volontaire de l'humanité ; il nie l'omnipotence de l'État et lui impose, comme à chacun de nous, le respect des lois supérieures ; il accepte le rôle de la justice commutative mais en la tempérant par l'influence souveraine de la justice naturelle.

VII

En état d'oscillation perpétuelle entre la liberté et l'égalité, nous constatons à notre mortelle confusion, que presque tout ce que nous tentons favorise invariablement l'un des termes à l'exclusion de l'autre, alors que c'est précisément de les faire vivre d'accord qu'il s'agit. Le problème serait-il insoluble ?

Il ne peut l'être dès l'instant que les deux termes qu'il s'agit de concilier ont, comme c'est d'ailleurs évident, la même origine. S'ils nous paraissent opposés et contradictoires, c'est que nous apercevons non ce qu'ils contiennent en eux-mêmes, mais ce que notre ignorance, nos passions, nos mauvais vouloirs y ont introduit.

Égalité et liberté sont si bien au même titre les attributs de notre nature, qu'en remontant jusqu'à la justice naturelle nous les trouvons, ces deux termes, non plus en hostilité l'un à égard de l'autre, mais tellement accordés qu'à cette hauteur d'où ils nous sont dispensés, ils se confondent dans une même idée.

Cette idée est l'ordre même de la création ; c'est l'ordination d'une variété d'êtres vers une même fin *c'est à dire variété dans les existences, unité dans leur but*. De là les rapports de justice, qui prennent également ce double caractère de variété et d'unité, flexibles en tant que moyens adaptés à la diversité des conditions humaines, inflexibles en tant que soumis aux données premières et dirigés vers la fin commune. De là aussi, liberté dans les moyens avec la variété sans laquelle la liberté ne peut aller, d'autre part égalité dans la responsabilité consacrant la loi morale et l'unité qui lui est propre.

VIII

Les considérations qui précèdent paraîtront sans doute longues et fatigantes, mais non pas inutiles, car, pour peu que l'on réfléchisse on aperçoit certainement déjà la conclusion pratique qui en découle.

Ainsi que nous l'avons dit au début, le droit de nous garder avec tout ce qui vient de nous, ce droit, égal pour tous, nous unit par la communauté des destinées; mais ne nous sépare-t-il pas forcément les uns des autres par la diversité des moyens à mettre en œuvre?

En d'autres termes, l'égalité que nous avons si heureusement rencontrée dans le droit considérée en soi, n'est-elle pas irrémédiablement détruite par une variété illimitée et désordonnée dans la réalisation du droit ?

Le travail en effet, seul mode d'actualiser le droit, se diversifie suivant les forces physiques, l'intelligence, l'énergie, le milieu ; or ce qui fait notre liberté c'est précisément le respect de ces divergences ; voilà donc le siège de la difficulté : l'égalité et la liberté comment vont-elles vivre ensemble ?

Le travail normal doit fournir à l'homme sa sustentation et celle de sa famille, et en outre un développement progressif en rapport avec la civilisation générale qui les enveloppe: mais ce travail différencié par les influences si diverses de force, d'intelligence, d'énergie et de milieu, tandis qu'il dépasse pour les uns le rendement normal, demeure pour d'autres notablement en-deçà.

La justice naturelle après avoir établi les deux principes d'égalité et de liberté les unit en un troisième qu'elle formule comme suit: le surcroît des uns leur revient légitimement comme propriété, mais la consommation ne peut s'en faire qu'après compensation du déficit des autres.

Ce troisième principe n'est que la synthèse des deux autres, qui à première vue opposés l'un à l'autre se heurtent en effet dans la réalité pratique, ballotés qu'ils sont comme toute chose de ce monde entre ce qui doit être et ce qui est; de là leur dualité. Grâce au troisième principe cette dualité se fond dans l'idée supérieure de l'orientation de la variété des existences vers l'unité du but.

L'ordre providentiel de la création se manifeste dans cette synthèse. Dieu a voulu que la multitude des hommes vît et poursuivît sa fin en Lui-même, mais que chaque homme y contribuât en sa pleine liberté; Il lui a ordonné, pour cela, de se soumettre les choses de la terre. Que peut la justice positive pour donner au troisième principe une forme concrète et en outre, en faire sortir des droits et des devoirs parfaits ? Telle est la question ; et de sa solution dépend tout le problème.

IX

Rien de plus simple à première vue ; il suffit de décréter que le surcroît des privilégiés est destiné d'abord à la sustentation des autres. Mais à supposer qu'une autorité puisse revêtir cette prescription d'une forme concrète, en vertu de quel titre rendra-t-elle parfait des droits et devoirs qui par eux-mêmes ne le sont pas ?

Nous l'avons déjà dit l'autorité humaine organisant la justice mais ne la créant pas peut, en précisant et en adaptant au milieu actuel certaines données de la justice naturelle rendre parfaits des droits et des devoirs auxquels ne manquait pour devenir parfaits que cette précision ; mais hors de là, elle doit accepter en respectant leur valeur relative, les formes primitives des droits et des devoirs, se borner à les définir, et à leur attacher un genre de sanction qui ne soit pas en contradiction avec leur signification dans l'ordre naturel.

Or la justice naturelle après avoir formulé comme un devoir la compensation du superflu des uns avec le nécessaire des autres n'y fait pas, au cours normal des choses, correspondre un droit.

De plus elle ne constitue personne en titre ni pour apprécier, ni pour exiger la compensation.

Tout son plan est même à l'opposé d'une pareille ingérence ; elle a mis au cœur de l'homme le stimulant de la richesse ; elle lui a abandonné les trésors de la création ; elle lui a fait une loi de remplir la terre en se la soumettant ; celui qui la possède est sous la sauvegarde de cette loi ; qu'il tienne sa possession de son fait ou de ses auteurs, peu importe.

Ce serait donc violer la justice naturelle que d'intervertir cet ordre intimement lié aux conditions naturelles dans lesquelles l'humanité se meut. Pareille violation, nous le savons, serait inopérante, elle n'obligerait personne.

Faut-il à cette considération décisive en ajouter d'autres moins capitales mais qui viennent confirmer celle-là?

Comment, la prescription une fois formulée, lui assurer une sanction pratique? Seul le despotisme le plus exorbitant pourrait y réussir.

Mais en réussissant qu'aurait-il produit, sinon, sous couleur de sanctionner sa prescription, la suppression de ce surcroît qu'il s'agirait de répartir et du même coup la peine d'y songer?

C'est à des hommes en effet que l'on s'adresse, à des hommes qui sont naturellement libres et faits pour toute la liberté possible, qui n'agissent virilement que lorsqu'ils sont libres, qui trouvent dans la liberté l'un des stimulants indispensables de leur activité; pour énerver cette force et du même coup aller à l'encontre de la justice naturelle qui affirme la liberté individuelle au même titre que l'ordre général, il suffit d'arrêter le courant d'indépendance, d'initiative, de vouloir personnel qui vivifie et galvanise l'humanité.

X

Est-ce à dire qu'il n'y ait rien à faire? et qu'ici contrairement à ce que nous avons dit, en parlant de la justice naturelle, le principe de liberté va prévaloir et s'établir définitivement sur les ruines du principe d'égalité? De synthèse, il ne serait donc plus question?

Si personne n'est constitué en titre pour apprécier et exiger la compensation, c'est que tous les intéressés ont cette autorité et ce pouvoir; s'il n'est aucun moyen d'apprécier chaque cas particulier, c'est qu'il existe un mode latent et général de détermination qui agit sans cesse, dès l'instant que rien ne dénature son office.

Nous arrivons ainsi au cœur de la question, et aboutissons à cette conclusion, que la justice positive, dans son ascension vers la justice naturelle, doit compter sur le groupement des intérêts et sur la disparition progressive des privilèges d'ordre positif.

C'est en se rapprochant continuellement des formes primitives de droits et de devoirs que la loi écrite réalisera, elle aussi, la synthèse des deux principes de liberté et d'égalité; mais sa marche doit absolument être aidée par l'association, se dégager des monopoles fabriqués de main d'homme et trouver dans le pouvoir civil, organe de la société, un appui considérable.

A cette triple condition, le succès ira grandissant; la force d'association est chose comprise aujourd'hui, et nous assistons à un réveil de l'opinion qui nous rassure entièrement sous ce rapport; l'état mental de l'humanité sur ce point est transformé.

Il n'en est pas de même des obstacles factices dont il faut se débarrasser. Ces obstacles sont les abus de la propriété et certaines tolérances coupables de l'Etat à leur endroit.

C'est là le troisième terme de notre étude, celui où nous espérons tirer avantage de ce que nous avons cru devoir, au préalable, établir comme prémisses dans nos deux chapitres précédents.

PROPRIÉTÉ

Nos actes sont déterminés par l'intérêt ou par l'affection. Celle-ci procède directement de la liberté ; l'intérêt avivé d'abord par l'urgence des besoins, puis par des nécessités moins tyra niques auxquelles la liberté prend déjà plus ou moins de part, s'épanouit à son tour et finit par trouver un stimulant plus noble et parfois bien voisin de l'affection ; ce stimulant procède lui aussi de la liberté, nommément de la liberté chère à tous, de disposer à notre gré de notre superflu.

L'intérêt, quand il est seul, n'est qu'un instinct animal ; mêlé d'affection, il s'élève exactement au niveau de l'humaine nature, qui reste toujours un mélange de calcul personnel et d'aspirations supérieures ; mais si l'affection parvient à se dégager de l'intérêt, tout s'épure dans notre activité, nous prenons possession de la pleine liberté et avons conscience d'accomplir nos plus hautes destinées.

Eliminer définitivement l'intérêt de la nature est chose impossible, l'un ne peut pas plus que l'autre se détruire ; mais le progrès s'accroît à mesure que la part d'affection grandit à côté de l'intérêt.

La justice étant gardienne de la personnalité humaine, l'est aussi de la liberté, sans laquelle la personnalité disparaît. Lorsque la justice descend sur le terrain de notre activité, elle doit nécessairement étendre sa sollicitude à l'intérêt et à l'affection, ces deux manifestations cardinales de la personnalité, ces deux pôles sur lesquels seuls l'axe de notre liberté peut tourner.

La justice, sans doute, n'a aucune action directe sur l'affection ; elle ne peut empiéter sur le domaine de la charité, telle que nous l'avons défini plus haut, de la charité, cette incarnation de l'affection ; mais elle lui ouvre incontestablement la voie et prépare le champ de son application.

Gardons-nous de dire que la justice doit céder progressivement la place à la charité. Cette conséquence serait tout aussi forcée que celle de certains novateurs auxquels, en sens inverse, la charité est odieuse.

La société, en organisant la justice, prend l'homme tel qu'il est, l'homme poussé par l'intérêt et par l'affection ; elle doit le respecter comme tel.

La société se meut, non dans l'idéal et l'absolu, mais dans le relatif ; elle n'a pas mission de consommer notre félicité ; son rôle, après l'organisation de la justice à l'abri de laquelle chacun dispose des moyens qu'il a en propre pour accomplir sa félicité, le rôle de la société est d'intensifier ces moyens, mais non de les imposer à moins que l'existence même de la société n'y soit engagée.

Au point de vue de notre présente étude il suffit d'envisager parmi les droits de l'homme, celui qui consiste à occuper et à retenir ce qu'il tient de lui-même, le droit de posséder ce qu'il est arrivé à faire sien sans déposséder un premier occupant. La justice comme gardienne de l'intérêt de tous et de la liberté de chacun, consacre ce droit à jamais inviolable.

De là, comme conclusion d'ordre physique, le droit de tirer parti de la propriété pour le besoin personnel ou même pour des nécessités moins urgentes, puis comme conclusion d'ordre moral, le devoir de faire la part d'autrui après satisfaction de ses propres nécessités.

Au cours normal des choses, l'intérêt et l'affection règlent librement l'exercice de ce droit et de ce devoir ; la charité commence de plein gré où la justice finit ; et, alors, loin de se nuire, l'intérêt et l'affection s'accordent, ou mieux, rivalisent pour stimuler nos actes.

Mais si le droit de tirer parti de ce qu'on occupe va à l'encontre de sa fin, si le devoir de la charité, cet autre stimulant de nos actes, est méconnu au point de constituer pour la société un danger général et permanent, alors le droit de la société prévaut sur celui de l'individu.

Le droit de propriété en soi, se distingue donc de ses conclusion. Si ce droit essentiel à la nature humaine appartient à l'individu comme tel, cependant la liberté de tirer parti de ce qu'on possède, toute liée qu'elle soit à la propriété, doit encore se légitimer par sa fin ; et quant à la liberté de régler la charité, elle suppose pour le moins que l'être social trouve de cette façon le concours indispensable à son maintien.

I

La propriété en sa forme abstraite appartient par définition à la personne humaine, le Droit naturel consacrant du même coup la personnalité et la propriété comme deux notions indissolubles. Reconnaître la propriété sous sa forme abstraite est donc simplement faire acte de justice, de cette justice qui n'est en somme, nous l'avons vu que le respect de la personnalité.

Mais la propriété ne reste pas à l'état d'abstraction ; et dans la pratique nous la voyons se déterminer diversement suivant le temps et le lieu.

Ces formes concrètes sont-elles toutes également favorables à l'intérêt et à l'affection, ces deux ressorts de l'humanité ; à l'intérêt qui préside plus spécialement à la production des richesses, à l'affection sous l'impulsion de laquelle leur dispensation tend à se proportionner au besoin de chacun ?

Ces formes sont-elles toutes également favorables à la liberté, dont le stimulant s'ajoute si efficacement à l'intérêt, à la liberé, sans laquelle l'affection dépérit ?

Sont-elles toutes également favorables au progrès que l'intérêt, l'affection et la liberté mettent en mouvement, et qui alors refluant en quelque sorte vers sa source vient promouvoir l'humanité en une compréhension toujours plus claire et en une recherche toujours plus ardente et plus élevée du Bien Général ?

Propriété, sa définition sous sa forme abstraite nous l'a dit assez, suppose pour devenir effective un acte accompli librement du côté de son auteur et sans lésion pour la liberté d'autrui. Cet acte donne à l'un ce qui n'est à personne ; il lui attribue finalement une chose déterminée pour qu'il y applique son travail qui risquerait sans cela de demeurer sans emploi. La propriété ainsi informée complète en un mot la liberté de l'un sans rien retrancher à la liberté des autres.

En tout cela, jusqu'ici, nous ne pouvons donc voir que le stimulant de l'intérêt ou de l'affection du côté de l'individu, et, du côté de l'humanité, la perspective d'un accroissement du Bien Général ; mais de fait, l'occupation se produit-elle toujours ainsi ?

Que l'on réponde non, cela importe peu. L'abus doit être réprimé, il doit l'être en rétablissant dans tous ses droits la personne lésée : elle est seule constituée en titre pour exiger la restitution ; la société peut y ajouter les sanctions les plus diverses, mais la société n'acquiert aucun droit du fait d'une lésion qui ne l'a pas touchée.

En dépit de toutes les lésions, réparées ou non, qui peuvent s'être produites, il reste donc acquis que la propriété par elle-même fait partie intégrante de la liberté, et que la prise de possession qui en marque l'origine concrète, libre du côté de celui qui l'accomplit, n'entame d'autre part la liberté de qui que ce soit, du moins ne l'entame pas par voie de conséquence directe ; nous verrons plus tard quels abus peuvent s'y mêler.

II

De fait, l'occupation du sol, à son origine, est le plus souvent collective ; c'est une famille ou une tribut s'installant dans une région vierge, ou bien chassant devant elle d'anciens habitants auxquels à tort ou à raison elle déclare la guerre.

Si la guerre est injuste, la prise de possession l'est également ; mais de ce que ces injustices ne peuvent pas toujours se réparer sous nos yeux, il n'y a rien à conclure, ni pour ni contre la justice, ni pour ni contre la propriété.

La collectivité une fois nantie, le chef de la famille ou de la tribut établit sous une forme quelconque un allottement plus ou moins parfait, et puis, à mesure que les besoins grandissent, l'occupation collective fait place à l'occupation individuelle.

Les faits répondent donc avec le bon sens à notre première question, question relative aux formes de la propriété dans leurs rapports avec la production de la richesse.

La forme individuelle s'accentue avec le progrès, parce qu'avec lui les besoins augmentent et la population s'accroît, parce qu'il faut alors obtenir plus de production, et, partant, plus d'efforts, et que rien ne soutient les énergies comme la liberté.

Le résultat en vue étant d'assurer toute la somme possible de production, on y arrive par l'individualisation de plus en plus radicale de la propriété. Elle apparaît à chacun comme le moyen de stimuler les actes, de les stimuler d'abord par l'intérêt, chacun s'attachant à tirer de ce qu'il a en propre le meilleur parti possible pour lui-même ; puis à mesure que ce stimulant faiblit devant la satiété, l'affection à son tour soutient l'effort et encourage l'action, parce que chacun a conscience du devoir qui dès lors commence pour lui, ou plutôt de la fonction sociale qu'il a à remplir.

III

Ce sont là, dira-t-on, de dangereuses illusions. Que la production globale des richesses ne soit stimulée dans toute la mesure possible que par la liberté et qu'il faille, en vue de ce résultat, préférer la forme individuelle de la propriété, soit, mais il s'agit de voir si avec ce procédé on arrive vraiment à dispenser la richesse suivant le besoin de chacun.

Une confusion bien malheureuse se fait généralement ici, entre la propriété et son emploi ; car la répartition effective dépend de l'emploi et non de la propriété.

Que, sous le régime de propriété individuelle, les capitaux sous leurs diverses manifestations s'accumulent dans les mêmes mains, qu'importe si, d'ailleurs, dans l'emploi de ces instruments de production inégalement répartis, les travailleurs trouvent, pour le moins, autant d'avantage que s'ils en avaient eux-mêmes la propriété ?

Nous en sommes donc ici, non plus à discuter le droit de propriété, mais seulement les deux conclusions qui ne demeurent liées au principe et assurées du même respect que pour autant qu'elles se légitiment par ailleurs.

La liberté de tirer parti de ce qu'on possède se légitime pratiquement par sa fin, c'est-à-dire qu'il faut que les œuvres la justifient ; et les œuvres qui la justifieront c'est de rendre les choses possédées triplement productives, par l'appel fait au travail, par la rémunération du travail et par la production d'objets d'intérêt général.

L'insouciance poussée jusqu'à ne pas faire appel au travail, ou jusqu'à produire des objets sans véritable utilité, suppose une perversion du sens pratique que, dans l'état de nos mœurs, avouons-le, nous n'avons guère à redouter ; disons-le cependant, cette perversion se produirait d'une façon générale et continue qu'il faudrait bien aviser.

On cite le cas des grands landlords convertissant en landes stériles, pour pouvoir y chasser librement, de vastes régions qu'ils ne tenaient qu'à eux de rendre productives. Voilà un abus qui appelle l'intervention sociale ; mais encore une fois, de fait, il reste certainement assez exceptionnel.

IV

Il en est tout autrement de la rémunération du travail. Autant grâce précisément au stimulant de la liberté, les deux autres dangers sont presque chimériques, autant l'insuffisance de la rémunération se concilie aisément avec la liberté mal réglée.

L'abus se produira inévitablement aux phases déséquilibrées de l'humanité, à ces époques troublées où, tandis que l'esprit humain cherche sa voie en morale comme en religion, en droit comme en politique, les habiles, peu en peine des principes, n'ont souci que de se faire à eux-mêmes tout le bien possible. Le remède se trouve alors dans l'association des travailleurs.

Ceux-ci, malheureusement, peuvent demeurer si incertains de la route à suivre, que la société a le devoir impérieux de la leur montrer, de leur en faciliter l'accès, de les aider même à y marcher.

La première conclusion de la propriété, nous l'avons dit, est la liberté de tirer parti de ce qu'on possède. Cette liberté, aussi longtemps qu'elle ne sera pas balancée par la puissance ouvrière, doit compter avec l'intervention sociale, en vue d'assurer aux travailleurs un salaire suffisant, en vue de les affranchir de plus en plus des exigences arbitraires du capital, en vue enfin, car c'est là l'idéal, de mettre dans les mains de chacun ses instruments de travail.

La seconde conclusion de la propriété, à savoir la liberté de faire la part d'autrui, après satisfaction de ses propres nécessités, est plus intimement liée que la première au principe de la propriété. Il s'agit en effet ici d'enlever à un possesseur, travailleur intelligent et tenace, qui justifie d'un emploi à la fois très habile et rigoureusement juste de son capital, il s'agit de lui enlever une part du produit.

N'est-ce pas ébrécher le droit même de posséder ? Aussi ne peut-on y songer que lorsqu'il y va du salut de la Nation. Ce péril se présente aux époques chaotiques. La société a alors le droit de suppléer aux défaillances qui se produisent.

La société fera, pour cela, sienne la répartition qui est du domaine de la charité et par conséquent siennes les ressources que les possesseurs individuels auraient dû directement y affecter.

La société qui en est là, est humainement parlant tout près de sa ruine. Quoiqu'elle fasse, elle ne rencontrera dans sa politique que des remèdes trompeurs, elle n'en peut trouver d'efficaces que dans la restauration des idées et des mœurs. Il faut bien pourtant qu'elle aille au plus pressé, et se fasse la providence des faibles à défaut de ceux qui auraient dû pourvoir à leur faiblesse.

V

Liberté dit-on, c'est bien là le résultat le plus clair du régime ainsi pratiqué, mais liberté abstraite c'est-à-dire simple leurre pour la presque unanimité du genre humain ; Or ce qu'il faut c'est à chacun sa liberté, par conséquent à chacun une propriété concrète.

Pour parler plus net, la liberté, c'est bien, pourvu que l'égalité l'accompagne, et pour cela il faut au moins à chacun ses instruments de travail.

On en revient ainsi à ce que nous avons indiqué dès le début de notre étude, et on essaie de triompher contre nous de ce que nous avons proclamé alors, que liberté et égalité doivent marcher de pair et qu'il est impossible à la justice d'obliger à quoi que ce soit de contraire au progrès, l'ordre providentiel contenant à la fois justice et progrès.

L'objection se réfute aisément par cette simple considération que l'égalité dans ce monde est, tout comme la liberté d'ailleurs, en continuelle formation ; c'est le cas de parler de l'éternel devenir ; ce n'est pas d'une égalité complète qu'il s'agit, lorsqu'on veut que la liberté s'en accommode ; ce que l'on demande, et cette fois avec raison, c'est que la liberté soit réglée de telle sorte qu'elle ne crée aucun obstacle au développement évolutif de l'égalité. Il suffit dès lors de s'en tenir à ce que nous avons dit et l'on se convaincra qu'en dégageant le principe de la propriété concrète de ses conclusions nous avons répondu d'avance à l'objection.

Que l'on ne s'y méprenne pas d'ailleurs ; si la justice ne peut contredire au progrès il n'en résulte pas qu'il n'y ait de justice que si l'égalité absolue se trouve réalisée ; le progrès suppose non ce résultat déjà atteint mais uniquement que sous l'égide de la justice s'établisse de mieux en mieux le règne de la liberté et de l'égalité.

La propriété individuelle loin d'entraver le progrès en accélère même la marche ; et cela, parce qu'elle fait passer l'homme du groupement purement défensif que constituait la collectivité rudimentaire, au groupement productif formé par l'entente volontaire des intérêts ; elle tend à remplacer l'association dépendante du hasard de la naissance et du hasard de l'habitat, par des associations beaucoup plus indépendantes.

Comme transition de la propriété collective à une propriété que l'on mobilisera au point de former des agrégats qui puissent se plier à toutes les combinaisons et se prêter à toutes les situations humaines, il n'y a de possible que la propriété individuelle.

Après avoir développé la richesse et accumulé les réserves, elle les amène naturellement à se rencontrer en tous les points où les efforts doivent se grouper ; mais sur cette concentration se greffe bientôt à son tour le morcellement ; car si les hommes entendent concentrer leurs moyens, ils veulent néanmoins garder la libre disposition non seulement des résultats mais des moyens eux-mêmes ; de là ce caractère de mobilité imprimé à la richesse.

Toutes les combinaisons sont dès lors possibles ; c'est graduellement le contrat se substituant de mieux en mieux au classement, et la coordination des libertés prenant la place de leur hiérarchie ; alors naît et s'établit sur sa base véritable l'association des travailleurs.

A la règle de justice qui interdit de prendre à qui possède sinon pour rendre à qui a été dépossédé, se joint donc la considération du Bien Général et plus spécialement la loi du rapprochement continuel des hommes dans l'égalité.

Si la liberté a tout à gagner au régime de la propriété individuelle (vérité que personne ne conteste), ajoutons que l'égalité à son tour ne peut trouver de régime plus favorable à son graduel épanouissement, et c'est par les victoires qu'elle remportera non sur la propriété mais sur ses abus que l'égalité doit compter les phases de son développement.

Le jour où la société non contente de battre en brèche les abus, s'attaquerait au régime lui-même, le jour où la société rêverait d'une socialisation des richesses en vue de l'égalité, ce jour-là, que ce soit l'anarchie ou le despotisme qui poursuive l'exécution de ce rêve, le résultat sera de créer ou par la force ou par un semblant de légalité une classe dont la domination redoutable engendrera des abus bien autrement graves et tenaces que ceux de la propriété.

Est-ce à dire qu'il n'y ait jamais lieu de socialiser quoique ce soit ? Non certes, mais il s'agit alors de tenir compte de la nature des richesses à socialiser, et non de pousser par des tentatives utopiques au progrès de légalité. La société suppose un domaine collectif, ce domaine est en effet une condition d'existence de l'être social, et à ce titre, il contribue à promouvoir la liberté et l'égalité ; mais du moment qu'il dépasse ce but il se convertit en obstacle.

VI

Nous venons d'aborder en ces quelques pages les problèmes les plus ardus auxquels donne naissance le régime de la propriété individuelle. Cette forme concrète, nous l'avons proclamée la plus favorable à la production de la richesse grâce à l'intérêt individuel qu'elle tient en éveil et à la liberté qu'elle laisse.

Passant à la question de répartition, nous avons admis que cette forme pouvait prêter à des abus, abus multiples dans la consommation. Comme remède aux uns nous avons préconisé le groupement des travailleurs, comme remède à l'autre l'intervention de l'Etat venant suppléer aux graves manquements des particuliers.

Enfin envisageant dans son ensemble l'œuvre du progrès, c'est-à-dire la marche ascendante et concurrente de la liberté et de l'égalité. Nous avons montré comment, à notre sens, le régime de la propriété individuelle était le seul qui put la favoriser.

Il nous reste à dissiper un dernier doute et ce n'est pas le moins digne d'attention parce qu'il met en présence de la pro-

priété non plus seulement les moyens de la produire et de la
répartir, non plus seulement les obstacles qu'elle peut être
soupçonné d'opposer au progrès, mais son action directe et
positive sur les œuvres dont nous avons dit qu'aucune société
humaine ne pouvait se passer.

C'est le point culminant de notre étude; c'est à la charité et
à son action continue que nous attribuons en effet le rôle prin-
cipal dans l'œuvre du progrès.

Après avoir été soutenus par la perspective d'une mission de
charité vaguement entrevue, ne risque-t-on pas de voir les
privilégiés en reculer l'accomplissement à mesure qu'ils s'en
approchent et qu'ils aperçoivent cette mission de plus près ?
Se sachant maîtres d'augmenter indéfiniment leur propriété et
poussés par le désir que tant de causes ont surexcité, ne vont-
ils pas trouver l'obstacle dans cette ardeur même et remettre
indéfiniment le bien qu'ils s'étaient proposé au début?

Ce danger existe certainement et ce danger est fait pour effrayer, il n'y a pas à le nier; en le signalant, nous touchons
vraiment au point le plus important de notre étude.

Comme nous l'avons déjà dit, le remède ici est presque pire
que le mal; aussi ce danger fournit-il le seul argument sérieux
contre le régime de la propriété individuelle. Du moment, en
effet, que l'abus est tel qu'il ne peut être évité que par un autre
mal tout aussi funeste, ce n'est plus, semble-t-il, à l'abus qu'il
faut s'en prendre, mais à l'institution elle-même capable de
l'engendrer.

Et pourtant le régime de la propriété individuelle sort encore
avec avantage de cette dernière épreuve et voici pourquoi.
Notons d'abord qu'il ne peut y avoir de vraie charité, si au
préalable entière satisfaction n'a été donnée à la justice et ce
serait un non sens que de vouloir être charitable sans d'abord
être juste; mieux que cela, la première charité pour chacun,
après l'avoir tout d'abord exactement mise en pratique pour
son propre compte, est de promouvoir la justice là où elle n'est
pas encore suffisamment établie.

Mais une fois bien établis les rapports sociaux, le reste est
du domaine de la charité et ce restant contient tout le progrès,
non plus seulement en puissance, comme nous l'envisagions
au § précédent, mais en acte; c'est la vie sociale, c'est la

science, c'est l'art, c'est l'affection et le conseil, c'est la prévoyance, la mutualité et le secours s'étendant de proche en proche à toutes les parties du vaste édifice humain.

Ce, qui caractérise essentiellement ces œuvres de compénétration, c'est que pour être vivantes elles doivent être personnelles ; c'est une personne humaine qui en conçoit les divers projets, qui les aime et qui s'y donne corps et âme, et c'est à une autre personne ou à d'autres personnes humaines qu'elle songe dans ses conceptions, dans son amour et dans son dévouement.

Or, la propriété individuelle est le seul moyen de personnifier les œuvres de charité ; elle les personnifie du côté des uns en leur donnant le droit de disposer, du côté des autres en leur laissant la liberté de leur attitude en retour du bienfait ; elle établit à la fois pour les uns et les autres des relations de personne à personne sans l'intermédiaire déprimant d'un organisme officiel.

Elle devient ainsi la cause efficiente de la vraie charité ; non pas, cela va sans dire, à elle seule, mais en tant que moyen sans lequel le vrai facteur, à savoir notre bon vouloir serait le plus souvent impuissant et découragé.

Elle en est aussi la cause matérielle ; d'ordinaire en effet c'est dans la propriété individuelle que se trouve l'objet même de la charité. Est-il même des cas où vraiment elle puisse s'exercer avec persistance sans l'aide direct ou indirect de la richesse ?

Enfin la richesse rend l'exercice de la charité possible et la stimule ; possible, non seulement comme nous venons le dire en lui fournissant l'élément physique du don, mais en assurant à ceux qui l'exerce le temps et la faculté de s'y adonner ; elle stimule aussi, car, pour peu que l'état des esprits soit chrétien, chacun à mesure qu'il a quelque superflu prend conscience des devoirs de charité qui pèsent en proportion sur lui. — L'humanité se trouve donc en présence de ce dilemme : de pouvoir espérer la charité, mais en laissant une liberté qui peut-être l'étouffera, ou de renoncer de parti pris délibérément, de plein gré à la charité en lui substituant de grossiers pastiches.

VII

Sans doute la propriété par elle-même ne peut produire les merveilles de la charité, loin de là ; elle en est simplement la condition physique et morale, et c'est bien ce que notre dernier § a, croyons-nous, fait entendre. Le véritable agent de la charité est l'affection.

La propriété seule, sans le stimulant de l'affection, donnera parfois naissance à une fastueuse magnificence ; ce seront quelques grands, faisant, comme à Rome, à un peuple d'inconnus qu'il s'agit de mener, le don de spectacles et de pains.

D'autres fois, ce sera la méconnaissance de tous les devoirs de la propriété qui prévaudra, méconnaissance dont nous n'avons que trop souvent le spectacle aujourd'hui sous les yeux.

L'Irlande meurt de faim parce que les lords anglais devenus propriétaires du pays n'ont souci de leur vaste domaine irlandais que pour en retirer le plus de revenus possible ; ils ont abandonné le pays à sa misère, et sont allés trouver ailleurs les agréments d'une civilisation plus raffinée.

L'Italie meurt de faim parce que son gouvernement, au lieu de s'attacher les masses par une continuelle et affectueuse préoccupation de leurs besoins, cherche à les éblouir par des allures de grand Etat.

Dans l'Amérique du Nord et dans bien des pays européens qui l'imitent, à côté d'une prospérité inouïe, les déshérités se révoltent parce que la richesse a corrompu ses détenteurs et qu'ils n'ont d'autres affections que celle de l'or.

Voilà certes des exemples qui feraient douter de l'heureuse influence de la propriété individuelle ; mais là où elle n'existe pas, la situation est pire encore.

Presque tous les peuples de l'Asie se trouvent dans la plus triste situation faute d'avoir la propriété individuelle ; l'état de ses populations est profondément abjecte ; et l'on constate qu'elles s'en dégagent précisément dans la mesure où elles reviennent à la propriété individuelle.

La conclusion est donc qu'il faut à la charité la propriété individuelle ; mais qu'il lui faut surtout l'affection ; que, sans celle-ci, il n'y a rien à espérer ; qu'à son défaut la liberté de faire de son superflu un libre usage, n'a plus la justification qui lui est nécessaire, et que dès lors commence pour la société la redoutable nécessité d'intervenir.

VIII

Cette intervention, nous l'avons déjà dit, quand elle doit aller jusqu'à supplanter les individus dans leur fonction de propriétaire, cette intervention est désastreuse.

A mesure qu'elle s'accomplit, les œuvres tendent à se restreindre ; il se produit dans la vie généreuse des hommes et, dans l'expansion de leurs mutuelles affections, une contraction qui est bien voisine de la mort.

Les rôles se renversent, ce sont les classes dirigeantes déchues de toute influence qui de tributaires qu'elles auraient dû volontairement se faire des classes faibles, se trouvent bientôt à la merci de celles-ci ; car celles-ci, sous l'aiguillon de la nécessité, finissent par s'imposer et faire à leur tour les institutions et les lois : une fois engagées dans cette voie elles ne peuvent plus, humainement parlant connaître de frein.

Régime mortel dès lors pour tous ! Régime si redouté, que c'est, en s'inspirant de l'effroi qu'il jette dans les esprits sérieux, que le socialisme, mentant à ses propres origines, aboutit à un système de compression inimaginable.

Dès l'instant qu'il faut mettre à contribution malgré elles les classes dirigeantes, il est impossible de les laisser aux prises avec les classes faibles, fatalement entraînées à consommer leur propre ruine en consommant celle des autres ; il faut alors inventer un intermédiaire factice ; et cet intermédiaire, c'est la bureaucratie avec ses tyrannies outrancières élevées à son ultime puissance. C'est remplacer le danger par un désastre et par l'ignominie.

IX

Il s'agirait maintenant de tirer de ces règles générales des conclusions pratiques ; je ne puis y songer ici ; les limites forcément restreintes d'un article ne m'en laissent pas le loisir.

Le lecteur apercevra de lui même ce que je dois omettre ; il sait d'ailleurs que ces conclusions pratiques se trouvent déduites dans nombre d'écrits plus étendus et poussant plus loin les conséquences des mêmes prémisses. Pour tous ceux qui l'auront lu avec un peu d'attention, il ressortira également de ce travail que toutes les idées qui y sont émises se réclament sans doute du raisonnement naturel, mais plus encore du christianisme et des lumières qu'il a si abondamment projetées sur la raison humaine.

Ce qu'il importe à mes yeux c'est qu'il ressorte de ce que j'ai écrit un certain ensemble de principes dirigeants que je vais résumer en quelques mots :

La Charité et la Justice sont au premier plan de notre étude : la justice constitue la charpente de l'édifice social ; grâce à elle chacune des pièces prend la place qui lui revient. La Charité à son tour assure à l'édifice son mérite architectural ; après avoir donné aux diverses parties la vie et une signification, elle fait courir dans l'ensemble comme un souffle dirigeant qui oriente toutes les énergies vers un but commun.

Pour permettre à la charité et à la justice de donner leur effet utile, la propriété tend à des formes individuelles de plus en plus précises ; mais ici il faut distinguer.

La propriété en tant que droit non informé appartient à tout être humain et est un droit d'ordre naturel.

Les formes de la propriété sont au contraire variables ; elles dépendent de l'avancement social ; la propriété de certaines choses utiles, comme celles qui sont à l'usage immédiat de chacun ne se présente pourtant jamais qu'avec la forme individuelle ; la propriété de certaines autres, comme le sol réservé à la circulation, ne se présentent jamais au contraire que sous la forme collective.

Entre ces deux extrêmes se meut la puissance évolutive de la propriété vers l'individualisation ; cette puissance est, elle aussi, d'ordre naturel c'est-à-dire absolument juste, puisque c'est à l'individu qu'appartient le droit de propriété non informé. Cette puissance d'évolution non seulement est juste, mais elle est conforme à toutes les exigences du Bien Général.

L'intérêt général exige, nous l'avons vu, la socialisation de certaines choses ; il peut même y avoir retour à la collectivité de certains biens formellement acquis à un particulier ; c'est le cas de l'expropriation ; dans ce conflit entre l'intérêt et le droit, ce dernier doit être respecté ; il prévaut légitimement.

A cette règle il peut être fait exception chaque fois que le droit lui-même est en défaut, et c'est ce qui nous a fait, même en dehors des cas de violation de la justice rigoureuse, conclure à la substitution de l'État aux particuliers dans l'exercice de la charité.

Le principe de la propriété qui est d'ordre naturel n'en reste pas moins sauf ; mais ses conclusions disparaissent dans toute la mesure où elles s'enlèvent à elles-mêmes la justification dont elles ont besoin.

Les économistes libéraux trouveront certainement que nous allons bien loin ; ils pourront en outre se plaindre de ce que nous délaissions leurs classiques divisions de la science économique. Les socialistes s'élèveront contre notre respect absolu de la propriété abstraite dans le chef de tout être humain et de la propriété concrète aux mains de quiconque a pu de lui-même ou du chef de ses auteurs l'informer par l'occupation.

Ces reproches en sens contraire nous seraient un gage de la rectitude des vues exposées par nous ; nous voulons cependant dire un mot aux uns et aux autres.

A l'école libérale, nous concèderons la valeur de ses recherches et classifications économiques ; elles ont rendu de véritables services et dégagé la voie d'erreurs nombreuses et invétérées qui l'encombraient ; les classifications de cette école, pour n'être pas aussi nettes, ne s'en trouvent pas moins consignées et mises à profit par nous, comme on l'a vu au cours de notre étude.

Il y a beaucoup à dire au sujet de ces classifications ; elles n'ont pas la valeur absolue que certains économistes leur prêtent. Mais nous ne pouvons songer à discuter ici ce point qui est plus complexe qu'il n'y paraît.

Nous reprochons à l'école libérale d'avoir isolé la science économique, alors que par ses origines et par sa fin elle se rattache intimement à diverses sciences d'ordre moral ; cet isolement a eu les plus déplorables conséquences ; de là, entr'autres, cette définition toute payenne de la propriété ; de là cette omnipotence du contrat ; de là cette liberté effrénée de la spéculation purement aléatoire ; de là surtout cette appréciation vraiment scandaleuse et criminelle des besoins de l'homme qui n'ont plus été considérés que comme des stimulants du travail.

Quant à l'école socialiste, nous croyons lui retracer dans notre présent écrit le tableau de la seule évolution possible, celle des mœurs et des idées, puis, par contre-coup, des lois, des institutions, des rapports économiques ; le tout guidé et inspiré par le christianisme.

Nous condamnons radicalement le système de l'évolution fatale, et la prétention de rapporter aux phases successives que traversent les relations économiques, les *stades* qui marquent pour l'humanité les différents degrés de son développement religieux, philosophique, moral, juridique. Qu'il y ait des réactions réciproques, nous le concédons ; mais ce sont toujours, avant tout, les idées qui mènent le monde, et c'est grâce aux idées, que le monde pourra échapper à l'anarchie et à la tyrannie, à ce que j'appelle l'évolution dans le vide rêvée par les socialistes.

X

L'opinion publique est aujourd'hui plus que jamais en possession de ses droits ; elle est la véritable souveraine des peuples, les gouvernements ne peuvent se passer de compter avec elle.

L'opinion publique, dans tout le monde civilisé, est actuellement préoccupée des transformations qui s'annoncent de toutes parts ; elle observe attentivement et elle étudie de bonne foi.

Que d'idées reconnues fausses ont été promptement réjetées ; que d'idées nouvelles ont rapidement fait leur chemin ! ce spectacle est rassurant.

La démocratie chrétienne est appelée à s'emparer de tous les esprits ouverts à la vérité ; c'est elle et elle seule qui peut les débarrasser à la fois des ombres du libéralisme et du faux éclat socialiste.

Elle dégagera des problèmes si complexes, si multiples, variant de jour en jour avec les évènements toujours changeants, elle dégagera de chacun des problèmes économiques la solution la meilleure possible ; elle a son idéal, mais elle sait combien il est vain d'en réclamer sur l'heure la complète réalisation.

Les chrétiens qui s'effrayent de nos tendances et qui, tout en voulant le bien et le progrès pour le peuple, les repoussent si c'est par le peuple qu'ils s'accomplissent, ces chrétiens sont nombreux encore.

Heureusement leurs rangs s'éclaircissent et nous voyons tous les jours mieux se remplir nos cadres.

Comment en serait-il autrement ! L'égalité à laquelle nous tendons n'a rien de menaçant pour personne.

Elle ne s'inspire que de l'esprit chrétien, elle ne compose pas avec l'envie, elle ne veut rien enlever à la justice ; elle est faite de charité et de progrès.

Au nom de quel intérêt élevé oserait-on la combattre ? Et comment en être l'adversaire sans s'avouer du coup l'esclave de l'égoïsme et des moins estimables préoccupations ?

Que la population s'étende, qu'elle gouverne de mieux en mieux le monde, et qu'elle trouve dans les forces naturelles assouplies des moyens toujours plus efficaces de bonheur temporel et de salut éternel, tel est le progrès.

Aperçu du point de vue économique, le progrès se compose avant tout des forces accumulées par le travail et des réserves qui s'en font ; je les appellerais volontiers les plus-values sociales. C'est de ce côté que nous devons tourner nos regards ; le progrès économique serait bien grand si tout en continuant cette accumulation l'humanité arrivait à faire que les plus-values échappassent toujours davantage à l'accaparement des privilégiés et devinssent, non le bien commun de tous, mais se répartissent en instruments de production pour chacun suivant ses moyens et suivant ses besoins.

CONCLUSION

Nous ne pouvons clore cette étude sans en formuler, en quelques mots, la pensée toute entière.

La charité continuera à régner dans les sociétés chrétiennes parce qu'elle constitue un élément substantiel du progrès général et que les sociétés chrétiennes ont essentiellement en vue le progrès général. La charité, cœur même du christianisme, est immortelle comme lui.

De plus, quand le besoin personnel ne se fait plus sentir, elle devient le seul stimulant de nos efforts ; elle est, du reste, à tous moments, le soutien de nos aspirations les plus élevées, et de tout ce que notre travail contient de généreux.

La charité est donc à la fois pour les faibles la garantie que le progrès s'accomplira en leur faveur, et pour les forts la récompense anticipée des sacrifices à accomplir à cette fin ; la société qui voudrait s'en passer tarirait à la fois la source du progrès, et les émotions les plus nobles que l'homme éprouve rien qu'à l'attente du progrès.

C'est donc manquer doublement aux conditions de la nature humaine que d'enrayer les manifestations de la charité ; c'est aller à l'encontre du droit naturel où la charité se trouve inscrite comme une loi indhérente à nos destinées individuelles et aux destinées des nations. Le XIXe siècle est marqué par de déplorables fautes sous ce rapport, fautes dont les conséquences pèsent lourdement sur nous.

La justice ne dépend pas de l'homme ; elle le domine ; elle est l'expression des rapports nécessaires auxquels sa nature le contraint.

Ce qui est variable dans la justice n'est que l'adaptation successive de ses principes à la diversité des faits ; mais les principes de la justice sont nécessaires, invariables, immuables.

La justice ne se créé donc pas ; étendre son domaine ou le restreindre, c'est également la violer. Le rôle de l'homme consiste uniquement ici à formuler les principes de façon telle, que la règle pratique, tracé le mieux possible à chacun, la voie à suivre pour demeurer fidèle au principe qu'il s'agit d'appliquer. A mesure que les rapports entre les hommes se multiplient, se modifient, se compliquent, les formules de la justice doivent être successivement remaniées ; c'est un travail considérable, qui, à certaines époques comme la nôtre, peut devenir d'une urgence extrême.

Le droit de prétendre à la propriété individuelle est un principe de justice, et partant ce droit est inviolable (1) ; la propriété individuelle une fois acquise en vertu de ce droit est donc également inviolable. Le droit de prétendre à la propriété individuelle est commun à tous ; et il va de soi que pour acquérir la propriété effective, la première condition est de ne l'avoir enlevée à personne.

C'est l'enlever à quelqu'un que de la garder sans partage lorsque l'existence d'autrui dépend de ce partage et que d'ailleurs en accédant à ce partage nous ne mettons pas en péril notre propre existence.

Ces principes ne souffrent aucune exception dans leur teneur même ; dans la pratique, l'application en est modifiée, modalisée par toute la série des actes personnels ; mais encore gardons-nous bien de retirer indirectement par des combinaisons humaines ce que les principes nous forcent à accorder directement.

S'il faut régler l'activité humaine, que ce soit pour ouvrir la voie qui mène à la propriété individuelle et non pour l'embarrasser, et, s'il faut mettre fin aux abus de la propriété, que ce soit non pas en la supprimant mais en intervenant dans l'usage qu'il en est fait.

Le moyen originaire d'acquérir la propriété est l'occupation ; il ne se présente aujourd'hui que par exception ; il n'en faut pas moins proclamer que c'est là le fait extérieur par lequel l'homme actualise le droit à la propriété, et par conséquent convertit le droit purement négatif en un droit positif, désormais personnel et complètement informé.

______

(1) Le problème du droit de propriété est très complexe ; nous donnons ici les résultats pratiques de la théorie, que nous avons exposée longuement ailleurs.

Propriétaires importants, ou simples possesseurs d'objets sans valeur, ou travailleurs réduits à n'avoir d'autre ressource que le labeur, tous les hommes établissent entre eux des relations dont l'influence sur la propriété est continuelle.

L'échange des services se fera par les contrats commutatifs ; les risques seront déplacés par les contrats aléatoires ; la propriété elle-même sera transmise sans compensation par les donations et successions ; enfin, et c'est là que se trouvent les relations les plus avantageuses au progrès, l'association sous toutes ses formes rapprochera les hommes, fera converger leurs efforts, unira le travail au capital pour faire produire à l'un et à l'autre tous ses fruits.

Tous ces moyens sont conformes à la nature humaine, sont requis par les conditions dans lesquelles elle se trouve placée, sont les conséquences des principes de droit naturel ; ils doivent être maintenus et respectés, sous peine de violer la justice.

Et cependant, ce sont les rapports sociaux ainsi établis, que les novateurs accusent d'être cause de la misère. Les travailleurs, disent-ils, sont trop faibles devant le capital et désarmés devant la propriété ; la vérité qui doit prévaloir et qui aura, pour résultat de réfréner les exigences du capital et de réduire à néant les prélèvements de la propriété, c'est que, tout le progrès venant du travail, il faut qu'au travail reviennent tous les profits du progrès.

Si les mots travail, progrès, profits étaient bien définis, rien ne s'opposerait à ce que cette formule fut proclamée vérité ! Il faut entendre par travail les efforts de tous genres, aussi bien ceux qui se sont produits dans le passé que ceux qui s'accomplissent sous nos yeux. Les efforts dont les résultats n'ont pas été mis à profit par leurs auteurs se sont accumulées ; il est de toute justice que ces travailleurs là disposent de leur avoir ainsi épargné ; leur contester ce droit, c'est renverser tout le Droit naturel.

Le Progrès est la résultante de tous les efforts ; la répercussion des efforts des uns sur les efforts des autres est telle et il en résulte un enchevêtrement si compliqué que l'on ne peut songer à établir pour chacun à part le compte des efforts et des résultats.

De là les plus-values sociales, c'est-à-dire ces accroissements de propriété auxquels on ne peut assigner une origine précise. On ne peut dire qu'ils viennent du travail de ceux qui en profitent ou de ceux auxquels ils ont succédé, et cependant, sans eux, ces plus-values n'existeraient pas.

Ces plus-values sont-elles acquises par ceux-là au détriment de quelqu'un? Si oui, il faut en vertu de la justice que le compte s'établisse et que restitution se fasse, dans la mesure bien entendu où l'on peut peut la fixer.

S'il n'y a détriment pour personne, il peut cependant y avoir intérêt général à prélever tout ou partie de ces accroissements au profit de la collectivité.

Cet intérêt ne se présentera guère ; il faut en effet mettre en présence des avantages momentanés que la collectivité pourrait y trouver le grave dommage qui résulterait pour elle d'avoir découragé les efforts et d'avoir arrêté l'essor des inventions, des entreprises et du génie.

Les profits du Progrès, en dehors des plus-values sociales dont nous venons de parler tendent de plus en plus à se répartir à raison du travail actuel plutôt qu'à raison du capital qui lui prête son concours ; cette évolution doit être approuvée sans réserve ; c'est par leur union professionnelle que les travailleurs arrivent à en accélérer le mouvement.

Gardons-nous seulement de toute confusion. Non seulement autre est la question de savoir qui détient les sources de production, autre la question de savoir à qui reviennent les produits, mais, et c'est à bien noter, les profits sont autre chose que les produits quelconques de l'activité humaine. Les profits consistent autant en bienfaits insaisissables se répandant indistinctement sur la collectivité à son propre insu, qu'en biens matériels palpables. Ajoutons à cela que les profits consistent bien plus dans le bon emploi de la richesse que dans son abondance, et enfin que les profits viennent bien plus d'une sage économie, c'est-à-dire d'une consommation bien réglée, que d'une production surabondante.

En définitive il y a des lois économiques et sociales que l'on ne peut en vain négliger, et nous finirons notre étude en formulant la synthèse économique et sociale en quelques mots qui, selon nous, la rendront facilement saisissable.

Pour que le bien-être matériel grandisse, il faut que les ressources s'accroissent plus rapidement que la population ; il faut que les besoins de leur côté ne se multiplient que proportionnellement ; il faut que le capital, aussi bien que le travail, demeure productif ; il faut que la justice maintienne les rapports sociaux et que la charité les complète ; il faut que toutes les classes de la société se rapprochent.

Or, notez le bien, tout cela dépend bien plus de la libre volonté de chacun, que de n'importe quelle organisation sociale ou régime politique ; travail, population, luxe, capital, machines, inventions, autant de choses que l'on voudrait réglementer en quelques phrases. L'organisation peut quelque chose, mais nos idées peuvent bien davantage.

Honorons le travail comme se trouvant imposé à tous par Dieu lui-même ; asservissons la matière pour en multiplier les ressources à mesure que la population s'accroît ; proscrivons tout vain luxe comme entravant l'augmentation des ressources, notamment réduisons au nécessaire ce luxe ruineux qui s'appelle le militarisme ; respectons le capital parce qu'il est essentiel au progrès ; loin de maudire les machines, voyons-les diminuer les risques et la fatigue du travail, amener la hausse des salaires et le groupement professionnel des ouvriers sous la forme qui leur sera la plus avantageuse ; favorisons surtout le génie des inventions, car lui seul pourra nous assurer plus de produits avec moins de labeur.

L'économie politique est une science que les travailleurs auraient tout intérêt à bien connaître ; elle ne pourrait toutefois, à elle seule, les guider dans la conduite de la vie.

A côté de cette synthèse économique il y a une synthèse sociale. Il faut se garder de les séparer car la première n'aborde que l'un des côtés du problème.

La synthèse sociale se réduit à ces idées fondamentales :

1° Le progrès économique, s'il était livré à lui-même, tendrait à exalter les supériorités et à accroître leur importance au détriment des agents de production moyens et inférieurs, du moins en est-il ainsi, à toutes les périodes de grande activité économique et de peu d'ardeur religieuse. Il faut neutraliser cette tendance par des associations de plus en plus favorables aux faibles, et par la charité toujours mieux comprise et observée par toutes les classes. Les plus values sociales seront du même coup de moins en moins l'avantage des citoyens déjà les mieux dotés.

2° Le progrès économique, à mesure qu'il multiplie le bien-être, excite les besoins et, en même temps, endort l'activité; en sorte qu'il se voit souvent que les nations s'enrichissent pour leur malheur et qu'il y a plus de bonheur effectif chez celles qui, sobres et travailleuses, n'en sont encore qu'à marcher vaillamment à la conquête des premiers biens matériels. Ici encore, la morale seule peut corriger le mal qui vient se greffer sur le bien; ce n'est pas celui-ci qu'il faut combattre, le bien reste malgré l'abus dont il est l'occasion; c'est contre l'abus qu'il faut porter les efforts.

Convainquons-nous donc bien que les idées se forment en nous sous l'influence de notre raison guidée par la foi, et de notre volonté soutenue par la grâce, et que c'est par ces idées que se gouverne le monde. A mesure que nos idées s'améliorent, le monde aussi se fait meilleur; mais pour améliorer nos idées, nous devons nous améliorer nous-mêmes; les synthèses économiques et sociales peuvent y être utiles, mais ce qui est essentiel c'est la base morale sur laquelle tout le reste s'édifie.

Ch. de PONTMÈRE.

GRANDE IMPRIMERIE DE BLOIS

Emmanuel Rivière, Ingénieur des Arts et Manufactures. x 617